AF.381030

LE MBTI

Les 16 profils-types de personnalité

Par Benjamin Fléron

LE MBTI ?

- **Problématique ?** Comment s'accomplir professionnellement en identifiant ses traits de personnalités dominants grâce au MBTI ?
- **Utilité ?** Le MBTI peut vous aider à orienter votre carrière dans la bonne direction, à vous entourer de collaborateurs idoines et à améliorer votre communication ainsi que vos relations professionnelles.
- **Contexte professionnel ?** Relations professionnelles, ressources humaines, gestion de carrière, développement personnel, culture d'entreprise, travail en groupe.
- **FAQ ?**
  - Je ne me sens pas épanoui professionnellement, le MBTI peut-il m'aider ?
  - Mon style de management ne fonctionne pas avec tous mes employés. Comment puis-je tirer profit du MBTI pour adapter mon leadership ?
  - Je ne me reconnais pas dans le profil psychologique que m'a attribué le MBTI, dois-je m'inquiéter ?

- Je suis recruteur et je ne parviens pas à départager deux candidats. Puis-je compter sur le MBTI pour résoudre mon problème ?
- Le résultat obtenu est-il définitif ou peut-il évoluer avec le temps ?
- J'aime mon travail, mais d'après mon profil psychologique il ne me correspond pas. Dois-je changer ?

Dans un monde professionnel de plus en plus concurrentiel, où les candidats à l'emploi sont plus nombreux que les postes à pourvoir et où la pression du résultat n'a jamais été aussi prégnante, l'erreur n'est plus permise. En effet, pour les employeurs à la recherche de la perle rare comme pour les travailleurs en quête du job idéal, se tromper dans son choix de recrutement ou dans son orientation de carrière peut se révéler désastreux. Et si le MBTI pouvait contribuer à réduire ce risque ?

Avec près de deux millions d'utilisateurs recensés chaque année, le MBTI occupe la première place du classement des tests psychologiques les plus populaires au monde. Se présentant sous la forme d'un simple questionnaire de 88 questions, il a pour objectif d'identifier les modes de fonctionnement préférentiels des individus. Une fois ce formulaire dûment complété, les participants se voient attribuer un profil psychologique parmi les 16 recensés par le MBTI, chacun correspondant à une manière différente de percevoir le monde et d'aborder les événements du quotidien.

Beaucoup de personnes passent ce test par simple curiosité, qu'il s'agisse de mettre à l'épreuve la justesse du jugement émis ou simplement d'apprendre à mieux se connaître. Mais loin de se cantonner à la sphère privée, le MBTI est aussi régulièrement utilisé en milieu professionnel : un recruteur qui ne parvient pas à trancher entre deux candidats ; un patron qui se demande comment améliorer son leadership ; un salarié à la croisée des chemins qui hésite à se lancer en indépendant ; ou encore un futur étudiant inquiet à l'idée de se tromper de filière. Autant d'individus différents qui se rejoignent pourtant sur un point : tous sont des utilisateurs potentiels du MBTI. Mais qu'a-t-il donc de si particulier à offrir ? Grâce à ce livret, découvrez tous les secrets de ce test mondialement connu.

B.A.-BA DE L'UTILISATION DU MBTI

UN PEU D'HISTOIRE

De l'apport de Jung...

Tout commence au début des années vingt, lorsque le psychiatre suisse Carl Gustav Jung (1875-1961) conceptualise sa théorie des types psychologiques dans son ouvrage de référence *Types Psychologiques* (1921). Il y avance l'idée que le comportement de tout être humain dépend de son interprétation des événements qui traversent sa vie et des situations qui se présentent à lui. Cette grille de lecture s'organise autour de trois axes divisés en deux pôles opposés :

- l'origine de notre source d'énergie et notre dynamisme entre l'Extraversion (**E**) et l'Introversion (**I**) ;
- notre façon de recueillir l'information entre l'iNtuition (**N**) et la Sensation (**S**) ;

- notre mode de prise de décisions entre la Pensée (**T**) (de l'anglais *Thinking*) et le Sentiment (**F**) (de l'anglais *Feeling*).

... à la création du MBTI

Par la suite, c'est en 1943 que les Américaines Katherine Cook Briggs (1875-1968) et Isabel Briggs Myers (1897-1980), respectivement mère et fille, mettent au point la première version du *Myers-Briggs Type Indicator* mieux connu sous le nom de MBTI, en s'inspirant du concept établi par Jung. Elles reprennent les préférences de Jung et identifient un quatrième axe, le Jugement (**J**) opposé à la Perception (**P**), qui définit notre manière d'agir. Ainsi, notre personnalité et notre mode de fonctionnement dépendraient de notre préférence (il s'agit de tendance naturelle et non de choix conscient) pour l'une des deux réponses possibles à ces questions fondamentales.

Les quatre préférences

Quelle est la source de votre énergie ?	
Vous vous nourrissez du monde extérieur et puisez votre énergie dans l'action, dans votre expérience et dans votre relation aux autres. Vous êtes **Extraverti (E).**	Au contraire, vous préférez réfléchir plutôt qu'agir et tirer votre carburant de votre monde intérieur, celui des idées, des souvenirs et des concepts théoriques. Alors vous êtes **Introverti (I).**
Comment recueillez-vous l'information ?	
Si vous êtes plutôt pragmatique, attaché au concret et aux faits directement observables alors, selon Jung, vous êtes orienté **Sensation (S).**	En revanche, si vous accordez plus d'importance à l'abstrait, et que vous vous montrez plus intéressé par les relations entre les choses que par les données réelles, alors vous êtes orienté **iNtuition (N).**

Comment prenez-vous vos décisions ?	
Si vous agissez davantage avec votre tête et que vous préférez analyser objectivement et rationnellement les situations qui se présentent à vous, en vous attachant aux faits et aux éléments empiriques, alors vous dépendez du type **Pensée (T pour Thinking)**.	À l'inverse, si votre cœur vous guide et que vous placez vos sentiments avant le reste, en jugeant les faits en fonction de votre ressenti intime et de votre grille de valeurs personnelles, alors vous appartenez au genre **Sentiment (F pour Feeling)**.
Comment abordez-vous le monde extérieur ?	
Si vous restez constamment dans le contrôle et dans la planification des moindres détails, que vous aimez organiser et structurer les choses, votre préférence est le **Jugement (J)**.	Si vous vivez de façon relâchée en restant flexible et en vous adaptant aux situations, votre mode d'action préféré est la **Perception (P)**.

LA DÉCOUVERTE DES 16 PROFILS

La connaissance de vos quatre préférences vous donnera votre type psychologique. Par combinaison, le MBTI établit 16 profils différents.

Les 16 profils

ISTJ L'autonome pragmatique	**ISFJ** Le protecteur dévoué
INFJ Le diplomate humaniste	**INTJ** L'architecte perfectionniste
ISTP Le manuel curieux	**ISFP** L'artiste novateur
INFP Le poète idéaliste	**INTP** Le logicien inventif
ESTP L'entrepreneur passionné	**ESFP** L'amuseur public
ENFP Le séducteur sensible	**ENTP** L'inventeur visionnaire
ESTJ Le rassembleur efficace	**ESFJ** Le populaire attentionné
ENFJ Le professeur inspirant	**ENTJ** Le leader charismatique

Une fois votre type de personnalité attribué, vous serez gratifié de qualités et de défauts, de points forts et de points faibles (respectivement appelés « zones de confort » et « zones d'effort »), de styles de fonctionnement préférentiels et de traits de caractère primaires ou secondaires liés à votre profil. Enfin, certains secteurs d'activité correspondant à vos capacités et à vos tendances naturelles vous seront conseillés.

Pour vous donner un avant-goût des différentes caractéristiques attribuées à chacun des 16 types, nous vous en proposons ici de brèves descriptions. Celles-ci sont loin d'être exhaustives et ne figurent dans ce livre qu'à titre d'information. En effet, l'analyse des profils s'avère en réalité bien plus complexe. De plus, la seule lecture de ces descriptions ne suffit pas à identifier votre type ; seul le test peut le faire.

- L'**ISTJ** prend ses responsabilités et ses devoirs très au sérieux. À l'écoute des autres, il accepte bien les critiques constructives et peut gérer des situations conflictuelles. Cependant, il a tendance à croire qu'il a toujours raison, éprouve des difficultés à montrer de l'empathie ou de l'affection et peut par conséquent paraître rigide.
- Peu sentimental, l'**ISTP** se révèle doué dans l'analyse des situations, s'intéresse au fonctionnement des choses, aime apprendre l'utilisation de nouveaux outils techniques ou

technologiques et est davantage orienté résultats que théorie. Il s'ennuie vite et a besoin d'action.

- L'**ISFJ** est chaleureux et amical. Il aime rendre service et faire plaisir aux autres au risque de ne pas prêter assez attention à ses propres besoins. Il possède également d'excellentes capacités organisationnelles. En revanche, il accepte mal la critique, fuit les conflits et a du mal à dire « non ».
- Sensible à son environnement, l'**ISFP** fait généralement preuve d'une grande empathie, qu'il exprime par des actes concrets. Ses valeurs personnelles sont importantes pour lui : il respecte ses engagements et cherche à construire des relations durables avec les autres. Bien que paraissant optimiste et décontracté, il manque parfois de confiance en lui et éprouve une certaine gêne à s'exprimer en public. Il tend à vivre dans le présent plutôt qu'à se projeter dans le futur.
- L'**INTJ** est décrit comme un intellectuel analytique capable de mettre en pratique les stratégies qu'il aura soigneusement élaborées. Pragmatique et confiant, il fait généralement un bon leader, quoique parfois un peu trop

individualiste. Les conflits ou la critique ne le perturbent pas ; il y répondra par une argumentation logique. Ainsi, il voit ses relations de façon rationnelle avant d'en considérer le côté affectif. Loyal envers ses amis, il exprime cependant difficilement ses émotions.

- Curieux, l'**INTP** aime apprendre et produit généralement des idées originales, mais sera peu à l'aise dans leur réalisation. Il privilégie ainsi une analyse logique des situations et valorise l'expertise plutôt que l'apprentissage direct sur le terrain. Possédant un caractère autonome, il préfère travailler seul qu'en groupe où il ne se sent pas toujours à l'aise. En cela, il peut paraître froid voire, parfois, blesser les autres par ses critiques.
- L'**INFJ** est calme, diplomate, attentionné et soucieux des sentiments de ceux qui l'entourent. Cherchant constamment à maintenir ses relations au beau fixe, il se montrera réservé en cas de tension, n'hésitant pas à esquiver les conflits. Très exigeant avec les autres et avec lui-même, il accepte difficilement les critiques.
- Accordant une grande importance aux autres, l'**INFP** peut être d'un grand soutien pour son entourage. Il comprend et respecte la liberté

et l'individualité de chacun. Flexible, il s'adapte facilement à un nouvel environnement. Son côté timide et réservé peut toutefois le rendre difficile d'accès, et pour cause : il n'aime pas qu'on envahisse son espace privé.

- L'**ESTJ** est optimiste, amical et fiable. Il préfère résoudre les conflits plutôt que de les fuir. Il éprouve le besoin de diriger et prend ses engagements très au sérieux. Il apprécie le travail en équipe, mais peut se montrer impatient et blessant envers les personnes qu'il juge inefficaces et négligentes.
- L'**ESTP** aime prendre des risques (calculés). Il vit dans le présent et l'action et reste ouvert aux possibilités qui s'offrent à lui. Sociable et convaincant, il sait se vendre ainsi que ses idées, mais manque de vision à long terme et de stabilité dans ses engagements.
- L'**ESFJ** se concentre essentiellement sur son monde extérieur. Il est chaleureux, amical, généralement populaire et s'intéresse au bien-être des gens ainsi qu'au regard que ceux-ci portent sur lui. S'il est certes généreux, il attend une certaine reconnaissance en retour et a un grand besoin d'affection. Il redoute le changement et se sent plus en sécurité dans un environnement connu.

- Spontané mais parfois impulsif, l'**ESFP** vit dans le présent et aime expérimenter de nouvelles choses. D'un caractère chaleureux, il est à l'aise dans les relations interpersonnelles. C'est également un grand observateur. Cependant, il manque souvent de rigueur, notamment dans les tâches quotidiennes qui ne l'intéressent pas.
- L'**ENTJ** possède une tendance naturelle à diriger. Souhaitant prendre les décisions importantes, il se place souvent en tant que leader. Il est motivé, dynamique, confiant et fait preuve d'une grande volonté. Vis-à-vis des autres, il se révèle parfois intolérant et peu à l'écoute de leurs besoins.
- Ouvert au monde, l'**ENTP** éprouve le désir constant de tout comprendre, d'apprendre et d'innover. Il possède des facilités pour analyser les gens et donc développer des relations. Aimant faire les choses à sa manière, il peut parfois se montrer froid, brusque et impoli.
- L'**ENFJ** possède de grandes compétences relationnelles : il comprend les gens et les aide à donner le meilleur d'eux-mêmes. Son côté loyal et amical peut l'amener à être étouffant et surprotecteur. Très sensible aux conflits, il

essaie de les éviter au maximum.

- L'**ENFP** est optimiste, spontané et créatif. Tourné vers le changement, la routine l'ennuie rapidement. Il est aussi capable d'anticiper et de répondre aux besoins de son entourage, qui joue un rôle important dans son bien-être.

Si vous souhaitez en apprendre plus sur les différents profils, des fascicules récapitulatifs présentant en détail les caractéristiques de chacun des 16 types sont disponibles à l'achat sur le site d'OPP, l'éditeur européen du MBTI, à l'adresse suivante : https://www.opp.com/fr-BE/tools/MBTI/MBTI-materials. Si vous ne souhaitez pas mettre la main à la poche, sachez que certains sites proposent gratuitement ce service, mais que cela a un prix d'une autre nature : n'étant pas accrédités par l'organisme officiel, ils n'offrent aucune garantie quant à la fiabilité de leurs informations. Aussi, restez prudent.

LES APPLICATIONS CONCRÈTES DANS LE MILIEU PROFESSIONNEL

Que vous soyez encore étudiant ou déjà salarié, chasseur de tête ou candidat à l'emploi, manager d'une grosse entreprise ou patron d'une petite

PME, les raisons de vous intéresser au MBTI ne manquent pas.

- **Orienter sa carrière ou ses études**. Au moment de se lancer dans leurs études supérieures, nombreux sont les jeunes qui se questionnent, hésitent et finissent par prendre la mauvaise direction. S'il ne constitue évidemment pas une « assurance tous risques », le MBTI peut aider ces étudiants en leur suggérant des secteurs professionnels dans lesquels ils seraient susceptibles de s'épanouir au regard de leur personnalité. Ce n'est pas un hasard si les conseillers en orientation ont de plus en plus recours à cet outil pour épauler les adolescents. Dans le même ordre d'idée, les travailleurs qui ne se sentent pas à leur place dans l'emploi qu'ils occupent et éprouvent la désagréable impression de s'être trompés de voie professionnelle peuvent également dégager des pistes de reconversion par ce biais. Ainsi, un jeune qui se voit attribuer le type ENFJ sera bien avisé de songer à l'enseignement ou aux sciences politiques au moment de choisir ses études. Passionnés, charismatiques et altruistes, les ENFJ apparaissent en effet comme des parfaits modèles à suivre. Ils inspirent le respect et l'admiration, et sont d'excellents communicants – autant de qualités que l'on retrouve chez les meilleurs professeurs comme chez les grands politiciens. Barack Obama (44e président américain, né en 1961), Ronald Reagan (40e président américain, 1911-2004) ou encore François Mitterrand (21e président français, 1916-1996) sont, par exemple, tous trois ENFJ.

- **Sélectionner le bon candidat.** À l'heure où chaque annonce de poste à pourvoir déclenche un raz-de-marée de candidatures, il n'est pas toujours aisé de choisir la personne la plus adaptée. En termes de compétences techniques, les postulants sont parfois plus que qualifiés pour l'emploi convoité, mais qu'en est-il de leur personnalité ? Correspond-elle à l'image de l'entreprise ? Répond-elle au poste disponible ? Difficile d'obtenir des certitudes à ce sujet après un simple entretien. En demandant aux candidats de passer le MBTI, les recruteurs se donnent une chance supplémentaire de retenir le salarié adéquat.

- **Adapter sa communication et son management en fonction de ses collaborateurs.** Deux individus différents ne réagiront pas de la même manière à une remarque identique. Ainsi, là où d'aucuns apprécieront peut-être de se voir un peu bousculés et donneront le meilleur d'eux-mêmes par la suite, d'autres se fermeront comme des huîtres et se révéleront parfaitement improductifs et inefficaces à la suite d'une remontrance trop appuyée. En demandant à vos collaborateurs de se livrer au jeu du MBTI, vous identifierez plus facilement les modes de fonctionnement de chacun, et vous apprendrez à adapter votre méthode de management à votre interlocuteur de manière à révéler tout son potentiel.

- **Développer la cohésion d'équipe.** Avez-vous déjà remarqué comme certaines personnes ne parviennent pas à travailler efficacement ensemble, tandis que d'autres se complètent à la perfection ? Des individus aux tempéraments opposés peuvent éprouver bien des difficultés à produire un travail de qualité lorsqu'ils sont amenés à se côtoyer quotidiennement, là où d'autres présentent au contraire des personnalités complémentaires leur permettant d'exploiter au maximum leurs qualités respectives. En apprenant à connaître les différents profils MBTI de vos employés, vous en finirez avec les associations infructueuses et vous vous donnerez les moyens de composer des équipes efficaces et productives. De cette manière, une personne hyperémotive n'aura plus à composer avec la franchise de collègues insensibles, ou une autre, plus douée pour élaborer des plans d'action mais éprouvant des difficultés à les mettre en œuvre, pourra compter sur un collaborateur plus porté sur la pratique.

LES LIMITES DU SYSTÈME

Employer le MBTI dans une optique professionnelle peut donc s'avérer judicieux à bien des égards. Il importe néanmoins de rester conscient des limites de cette méthode, qui n'est pas infaillible et possède ses défauts. Nombre de membres de la communauté scientifique n'hésitent d'ailleurs pas à les signaler. Ainsi, dans son étude intitulée « Testons les tests ! », la Neoma Business School (France) remet en cause l'influence de la personnalité sur le comportement au travail, qui dépendrait finalement davantage du contexte. Quant au journaliste scientifique américain Joseph Stromberg, il ne tient pas un discours plus positif dans son article intitulé « Why the Myers-Briggs Test is Totally Meaningless » (« Pourquoi le MBTI n'a absolument aucun sens »), ne manquant pas de souligner le peu de recherches sérieuses menées sur le sujet, la binarité sans nuances des choix de réponse ou encore la versatilité de résultats pouvant se révéler différents d'une semaine à l'autre.

- **Les conditions dans lesquelles l'individu passe le MBTI peuvent influencer ses réponses**. Un chercheur d'emploi qui s'essaye au test à la demande expresse d'un recruteur ne sera évidemment pas dans les conditions optimales pour répondre aux questions. Le stress inhérent à ce genre de situation, la peur de répondre « ce qu'il ne faut pas », l'envie de plaire aux recruteurs, etc. sont autant d'éléments susceptibles d'influer sur les résultats finaux et de conduire à une analyse et, donc, à un profil erronés.

- **La possibilité de ne pas répondre à certaines questions peut falsifier les résultats**. S'il est recommandé de donner une réponse, dans la mesure du possible, aux 88 questions que comporte le test, il est permis de laisser certaines entrées vides lorsqu'aucune des options proposées ne semble convenir. Pour autant, un trop grand nombre d'omissions produira une analyse non concluante, car basée sur trop peu d'éléments concrets.

- **L'être humain est pluriel et complexe par définition**. Les différents types de personnalité proposés par le MBTI sont autant de clés de lecture susceptibles de nous aider à mieux nous connaître et à découvrir notre mode de fonctionnement principal. Cependant, il est important de garder à l'esprit que l'être humain est de nature multiple et changeante, et que sa façon d'interpréter les choses et d'interagir avec elles ne restera pas forcément identique d'un jour à l'autre. Plusieurs facteurs externes sont ainsi susceptibles d'influencer ponctuellement nos actions et notre perception des événements : excellente soirée passée la veille, stress, maladie, perte d'un proche, licenciement, etc.

- **La validité scientifique du MBTI reste à démontrer**. Si celui-ci se présente comme un test psychologique, sachez que ni Katherine Cook Briggs ni Isabel Briggs Myers n'ont reçu de formation en psychologie. Par ailleurs, le concept jungien des types psychologiques a été élaboré à une époque où la discipline n'était pas encore considérée comme une science empirique, nécessitant des expériences objectives et vérifiables. Ainsi, les théories de Jung se basaient davantage sur une série de réflexions personnelles que sur des données scientifiques concrètes.

- **Le MBTI a un coût pouvant s'avérer prohibitif.** Internet regorge de sites proposant leur version gratuite du MBTI, mais l'unique version fiable se trouve sur le site de l'OPP et elle n'est pas libre d'accès. Que vous souhaitiez passer une formation qualifiante pour devenir un expert certifié, suivre un séminaire d'application du MBTI ou simplement faire l'acquisition de questionnaires, de grilles de réponse, de portraits individuels ou de ressources complémentaires, vous allez devoir sortir votre portefeuille.

TOP CONSEILS

- **Gardez à l'esprit qu'il n'existe pas de bons ou de mauvais types de personnalité**. Que vous soyez INTP, ENFJ ou encore ISTJ, vous ne partez pas avec plus ou moins de chances dans la vie qu'une personne ayant reçu un diagnostic différent. Ne vous mettez pas martel en tête inutilement. Chaque type possède ses forces et ses faiblesses, ses atouts à exploiter et ses points d'amélioration. Ainsi, confrontés à une tâche longue et routinière, des individus classés ENFP pourront, si l'on en croit le MBTI, ressentir des difficultés à garder leur concentration intacte très longtemps. En revanche, ils font généralement d'excellents communicants et possèdent une intuition exacerbée.

- **Soyez conscient des limites du modèle**. Si vos résultats vous indiquent INTJ, cela ne signifie pas que votre personnalité est forcément en parfaite adéquation avec ce profil. Nous sommes plus de sept milliards d'êtres humains, venant tous d'horizons différents avec notre propre vécu. Dès lors, il paraît impensable que chacun d'entre nous se retrouve entièrement dans l'un des 16 modèles établis par Myers et Briggs. Aussi ne vous étonnez pas si vous ne vous reconnaissez pas dans l'un des points de votre profil. Demandez-vous simplement s'il est possible que vous fassiez fausse route, interrogez votre entourage pour entendre son opinion au besoin, et si vous n'êtes toujours pas convaincu alors faites-vous confiance : vous restez la personne la mieux placée pour savoir qui vous êtes vraiment. Le MBTI représente seulement une aide à la compréhension de soi, mais ne détient pas la vérité absolue.

- **Restez le plus honnête possible dans vos réponses**. Pour que l'expérience puisse se révéler profitable et concluante, il est impératif que vous répondiez sans tricher, en fonction de celui que vous pensez être réellement, et non pas de celui que vous souhaiteriez être, ou encore de celui que vous estimez correspondre aux attentes des éventuels recruteurs. Il n'existe pas de profils meilleurs que d'autres, restez vous-même et assumez-vous.

- **Ne tergiversez pas avant de répondre**. Au fil du test, vous allez sans doute vous retrouver confronté à des hésitations entre deux réponses qui vous paraîtront acceptables. N'hésitez pas trop longtemps et choisissez simplement celle qui vous vient d'emblée à l'esprit, celle qui vous semble la plus naturelle. Et si vraiment vous ne parvenez pas à trancher, alors ne répondez pas ! Essayez néanmoins de ne pas « zapper » trop de questions, sans quoi le nombre d'éléments sera trop léger pour dresser un profil fiable et valide de votre personne.

- **Bannissez les versions fantaisistes et non officielles.** De nombreux sites internet proposent de passer le MBTI gratuitement, mais il s'agit généralement de versions peu fiables. En France comme en Belgique, l'éditeur officiel du MBTI est OPP, alors ne vous laissez pas abuser par des tests bidon ou des formateurs en MBTI non certifiés. Pour que vos résultats soient valables et dignes de confiance, privilégiez la version officielle administrée par des experts certifiés.

- **Ne présentez pas le MBTI comme un test**, **mais comme un questionnaire ou un indicateur**. Si vous avez l'intention de tester le MBTI sur vos employés ou des candidats à l'emploi, veillez à ce qu'ils n'éprouvent pas la sensation de passer un examen pour lequel ils seraient notés, cela contribuerait à fausser les résultats. Stress, peur de l'erreur ou paranoïa sur d'imaginaires intentions cachées derrière chaque question. constitueraient autant d'éléments susceptibles de compromettre la fiabilité des profils. Il est donc primordial de créer un climat favorable afin d'installer les candidats dans les meilleures conditions possible.

- **Gardez à l'esprit que les personnalités sont plus nuancées qu'il y paraît**. Ce n'est pas parce que votre employé s'est vu cataloguer ISFP qu'il possède forcément tous les traits de caractère inhérents à ce type de personnalité, ou qu'il ne présente pas également des caractéristiques que l'on attribue davantage aux INFP ou aux ESFP. La frontière entre deux types de personnalité est parfois ténue et le résultat peut dépendre d'une réponse hésitante à une question nébuleuse. Évitez donc tout jugement hâtif basé sur ces quatre lettres qui ne laissent guère de place à la nuance, et accordez au moins autant d'importance aux pourcentages affichés à côté des autres types.

FAQ

JE NE ME SENS PAS ÉPANOUI PROFESSIONNELLEMENT, LE MBTI PEUT-IL M'AIDER ?

Le MBTI peut vous venir en aide de bien des manières différentes. En fonction du type psychologique qui vous sera attribué à la fin du test, une série de secteurs professionnels dans lesquels une personnalité comme la vôtre est susceptible de s'épanouir vous sera notamment proposée. Ainsi, les INFP, réputés pour être des artistes dans l'âme, seront souvent orientés vers des professions faisant la part belle à la créativité : écrivain, journaliste, musicien, graphiste, designer, etc.

Si le problème est plutôt relationnel, que votre travail vous plaît, mais que vous ne parvenez pas à trouver un terrain d'entente avec certains de vos collègues, le MBTI vous permettra de mieux cerner les mécanismes internes susceptibles de faire barrage entre vous et ces derniers. Une fois ces problèmes identifiés, leur résolution sera logiquement facilitée. Ainsi, si vous possédez un type de personnalité connu pour sa sensibilité exacerbée, il n'est pas surprenant que vous ressentiez des difficultés à vous entendre avec vos collègues plus directs et distants. En prendre conscience vous aidera à mettre les choses à plat avec eux.

MON STYLE DE MANAGEMENT NE FONCTIONNE PAS AVEC TOUS MES EMPLOYÉS. COMMENT PUIS-JE TIRER PROFIT DU MBTI POUR ADAPTER MON LEADERSHIP ?

Qui dit employés différents dit personnalités variées et donc autant de modes de fonctionnement. Par conséquent, il n'est pas surprenant que vous ne parveniez pas aux résultats escomptés si vous n'adaptez pas votre style de management en fonction de votre interlocuteur. En prenant conscience des modes de comportement de tous vos employés, vous découvrirez également comment ajuster votre communication à chacun d'entre eux afin de transmettre vos messages en douceur et sans heurt.

Ainsi, on ne s'adresse pas à un ENTP comme à un ISFJ. Spécialiste de la remise en question, le premier s'épanouit dans les débats d'idées passionnels et n'apprécie guère que l'on tourne autour du pot lorsque l'on a quelque chose à lui dire. Soyez franc avec lui, car il ne s'attend pas à ce qu'on le ménage, lui-même n'étant pas du genre à prendre des gants lorsqu'il s'exprime. Un ISFJ, quant à lui, éprouve généralement des difficultés à se valoriser, et il n'est pas rare qu'une personnalité plus affirmée rafle les mérites qui auraient dû lui revenir. Pourtant, s'il ne s'enorgueillit jamais de la qualité de son travail, cela ne signifie pas pour autant qu'il ne désire pas que celui-ci soit reconnu à sa juste valeur. Pour qu'il puisse donner le meilleur de lui-même, il est donc primordial de lui faire comprendre que ses efforts, loin de passer inaperçus, sont particulièrement appréciés. Ainsi, en apprenant à composer avec les personnalités de vos collaborateurs, vous gagnerez en leadership et eux en productivité.

JE NE ME RECONNAIS PAS DANS LE PROFIL PSYCHOLOGIQUE QUE M'A ATTRIBUÉ LE MBTI, DOIS-JE M'INQUIÉTER ?

Pas de panique, il peut exister plusieurs explications à cela :

vous n'avez pas passé le test dans des conditions optimales, et vous étiez stressé par un enjeu professionnel comme une possibilité d'embauche ou perturbé par un événement quelconque (décès, maladie, etc.) ;

ne sachant pas toujours quelle option choisir, vous n'avez pas répondu à assez de questions pour transmettre assez de données pertinentes, ce qui rend les résultats peu fiables ;

comme tout être humain, vous possédez une personnalité complexe et ambiguë, et parfois changeante. Vous n'interprétez donc pas le même type d'événement et de situation de la même manière jour après jour de façon robotique. Tout comme des éléments extérieurs et ponctuels peuvent influencer vos réponses lors du test, ils peuvent également jouer sur votre comportement à un moment donné en vous poussant à agir différemment. N'oubliez jamais qu'il est impensable que sept milliards d'êtres humains soient aussi parfaitement catégorisables ;

bien qu'employé partout dans le monde et reconnu internationalement, le MBTI n'a aucune valeur scientifique. Les différents types psychologiques proposés proviennent davantage de réflexions et d'observations personnelles de Jung, Briggs et Myers que d'expériences scientifiques empiriques et objectives. Il n'existe donc aucune donnée scientifique pertinente qui permette d'affirmer après le test que vous soyez de tel ou tel profil.

JE SUIS RECRUTEUR ET JE NE PARVIENS PAS À DÉPARTAGER DEUX CANDIDATS. PUIS-JE COMPTER SUR LE MBTI POUR RÉSOUDRE MON PROBLÈME ?

Le MBTI peut en effet s'avérer utile dans pareilles circonstances. Quel que soit l'emploi pour lequel vous prospectez, vous recherchez évidemment le candidat idéal, celui qui possède non seulement les compétences techniques exigées, mais également la personnalité adaptée à votre équipe et à la culture de votre entreprise. Ainsi, si la place à pourvoir requiert un caractère bien trempé et une grande résistance au stress, vous retiendrez un candidat présentant des capacités en ce sens. Mais comment déceler la personnalité d'un individu en quelques minutes seulement, *a fortiori* lorsque l'on n'a aucune connaissance en psychologie ? C'est là que le MBTI entre en scène pour vous fournir des informations « clés en main » sur le tempérament des différents postulants. Il ne vous reste alors plus qu'à garder ceux dont le profil psychologique correspond à vos attentes et écarter les autres.

LE RÉSULTAT OBTENU EST-IL DÉFINITIF OU PEUT-IL ÉVOLUER AVEC LE TEMPS ?

Votre profil n'est évidemment pas gravé dans la roche. Tout comme votre personnalité, il peut changer en fonction des expériences que vous connaîtrez, des situations que vous vivrez et des personnes que vous rencontrerez au fil de votre vie. Pensez donc à passer régulièrement le test pour vous assurer que votre profil psychologique n'a pas évolué depuis la dernière fois. Cela vous permettra, le cas échéant, de savoir à quel niveau exactement le changement s'est opéré. Peut-être serez-vous devenu plus extraverti (E) par exemple, ou ferez-vous davantage appel à vos sentiments (F) dans vos prises de décision ?

J'AIME MON TRAVAIL, MAIS D'APRÈS MON PROFIL PSYCHOLOGIQUE, IL NE ME CORRESPOND PAS. DOIS-JE CHANGER ?

Pas d'inquiétude ! Ne vous rendez pas malade pour rien en vous disant que vous passez peut-être à côté de votre vie professionnelle. Pensez le MBTI comme un outil auquel vous pouvez recourir si vous ne vous sentez pas à votre place dans votre poste, mais sachez prendre du recul à son sujet et ne lui accordez pas plus d'importance qu'il n'en mérite. Gardez en tête que vous restez la personne la plus à même de savoir ce qui vous convient et ce qui vous plaît, alors ayez confiance en votre jugement. De plus, votre profil MBTI ne vous colle pas à la peau, dans le sens où celui-ci peut évoluer au fil du temps. Ce test n'est pas fiable à 100 %, il est impossible d'affirmer avec certitude si vous êtes fait pour une profession en particulier ou non.

À VOUS DE JOUER !

Maintenant que le MBTI n'a plus aucun secret pour vous, vous possédez les armes pour vous en servir dans les meilleures conditions. Commencez par vous demander si ce test peut vous aider d'une manière ou d'une autre en repensant à ses diverses utilités professionnelles. Si la réponse est oui, alors n'hésitez plus et sautez le pas ! Néanmoins, gardez toujours à l'esprit les différents conseils prodigués au fil de ce livre, de manière à ne pas passer à côté de ses potentiels effets bénéfiques.

- Ainsi, si vous envisagez de passer le MBTI pour vos besoins, dans une optique de reconversion professionnelle par exemple, n'oubliez pas que les résultats obtenus et les secteurs d'activité suggérés restent uniquement des indications, des conseils que vous êtes libre d'écouter ou non.
- Si vous pensez plutôt à utiliser cet outil avec vos employés ou avec les candidats à un poste vacant dans votre entreprise, mettez un point d'honneur à vous entourer d'experts certifiés

par l'OPP, détenteur officiel des droits sur le MBTI, de manière à vous assurer de la fiabilité des résultats.

Une fois les données en votre possession, il ne tient qu'à vous d'en faire le meilleur usage possible en fonction de vos objectifs personnels !

- Vous êtes à la tête d'une petite entreprise et vous envisagez le MBTI comme un moyen d'améliorer votre leadership et votre communication afin d'augmenter la productivité de vos employés. Servez-vous des résultats pour adapter votre discours et vous adressez de manière adéquate face à un employé catalogué INTJ et à un autre classé ESTP.
- Futur étudiant diagnostiqué INTJ, vous doutez de la trajectoire professionnelle à suivre, hésitant entre études scientifiques et littéraires. Profitez de la liste de professions susceptibles de convenir aux individus dont la personnalité est similaire à la vôtre pour vous aider à choisir. Vous remarquerez ainsi que des métiers tels qu'ingénieur et médecin sont particulièrement conseillés pour votre profil.

Votre avis nous intéresse !
Laissez un commentaire sur le site de votre
librairie en ligne et partagez vos coups de cœur sur
les réseaux sociaux !

POUR ALLER PLUS LOIN

SOURCES BIBLIOGRAPHIQUES

- « 16 types de personnalités », in *16personnalities.com*, consulté le 25 octobre 2015.
  http://www.16personalities.com/fr/types-de-personnalite

- ASSANTE (Stéphanie), *Les 16 grands types de personnalité*, Toulouse, Dangles, 2012.

- BOUNOUA (Mélissa), « Le test de personnalité Myers-Briggs, utilisé dans le monde entier, ne rime à rien », in *Slate.fr*, juillet 2014, consulté le 22 septembre 2015.
  http://www.slate.fr/story/89949/ce-test-de-personnalite-utilise-dans-le-monde-entier-qui-ne-rime-rien

- BUZAUD (Élodie), « Avez-vous la personnalité pour faire carrière ? », in *CadreEmploi.fr*, mai 2015, consulté le 26 septembre 2015.
  http://www.cadremploi.fr/editorial/actualites/actu-emploi/detail/article/avez-vous-la-personna-lite-pour-faire-carriere.html

- « Découvrez le MBTI – Indicateur typologique de Myers-Briggs – et ses 16 types de personnalité », in *16-types.fr*, consulté le 20 septembre 2015.
  http://www.16-types.fr/index.html

- « En savoir plus sur le MBTI », in *Metamorphoses.
  be*, consulté le 22 septembre 2015. http://www.
  metamorphoses.be/ressources-management-coa-
  ching-mbti-ur-67.html

- FAUCONNIER (Flaure), « Se préparer aux tests de
  personnalité », in *JournalduNet.com*, juillet 2006,
  consulté le 22 septembre 2015.
  http://www.journaldunet.com/manage-
  ment/0607/0607143-tests-personnalite.shtml

- FONTAINE (Isabelle), « L'intuition, la personnalité intuitive et le MBTI selon Jung », in
  Histoired'Intuition.com, janvier 2014, consulté le
  22 septembre 2015. https://histoiredintuition.
  com/2017/09/01/lintuition-la-personnalite-intui-
  tive-et-le-mbti-selon-jung/

- JUNG (Carl), *Types psychologiques*, Genève, Georg,
  1997.

- « Le MBTI : un test très complet venu des
  États-Unis », in *CadresOnline.com*, consulté le
  22 septembre 2015.
  http://www.cadresonline.com/conseils/coaching/
  cv-lettres-entretiens/tests-de-recrutement/detail/
  article/le-mbti-un-test-tres-complet-venu-des-
  etats-unis.html

- QUENK (Naomi L.), *Essentials of Myers-Briggs Type
  Indicator Assessment*, 2e édition, Hoboken (États-
  Unis), Wiley, 2009.

- RODIER (Anne), « Les tests de personnalité comme outils de recrutement sont remis en question », in *LeTemps.ch*, mai 2014, consulté le 24 octobre 2015. http://www.letemps.ch/economie/2014/05/01/tests-personnalite-outils-recrutement-remis-question

- RUSSEL (Géraldine), « Le juteux business de l'indicateur de personnalité MBTI », in *LeFigaro.fr*, août 2014, consulté le 22 septembre 2015. http://www.lefigaro.fr/formation/2014/08/06/09006-20140806ARTFIG00028-le-juteux-business-de-l-indicateur-de-personnalite-mbti.php

- STROMBERG (Joseph), « Why the Myers-Briggs Test is Totally Meaningless », in *Vox.com*, octobre 2015, consulté le 22 septembre 2015. http://www.vox.com/2014/7/15/5881947/myers-briggs-personality-test-meaningless

- « Testons les Tests ! », Rouen, la Chaire Nouvelles Carrières de la Neoma Business School, consulté le 24 octobre 2015. http://chaire.neoma-bs.fr/nouvelles-carrieres/docs/HRI3.pdf

SOURCES COMPLÉMENTAIRES

- CAUVIN (Pierre) et CAILLOUX (Geneviève), *Les types de personnalité. Les comprendre et les appliquer avec le MBTI*, Paris, ESF éditeur, 2008

- Portail d'*OPP*, distributeur européen de Myers-Briggs Type Indicator (MBTI).
  https://www.opp.com/